MON BUDGET

AVEC LA METHODE DES ENVELOPPES !

Préface

Bienvenue dans une aventure qui va transformer votre manière de gérer votre argent.

Ce livre n'est pas un guide traditionnel sur la gestion financière ; il est plutôt conçu comme un dialogue entre deux personnages : Victor, un expert en gestion de budget qui maîtrise la méthode des enveloppes depuis de nombreuses années, et Margaux, une jeune professionnelle enthousiaste et curieuse d'apprendre à mieux contrôler ses finances personnelles.

À travers leurs échanges, ce livre vise à vous fournir non seulement les connaissances nécessaires pour mettre en pratique la méthode des enveloppes, mais aussi à vous inspirer et vous motiver à prendre en main votre situation financière.

Chaque chapitre abordera des aspects différents de la gestion de budget, depuis les bases jusqu'aux stratégies avancées, en passant par les défis et les solutions adaptées à divers problèmes courants.

Victor et Margaux vous guideront étape par étape, vous aidant à comprendre comment et pourquoi certaines pratiques financières fonctionnent.

L'objectif est de rendre cette méthode accessible et réalisable pour tous, quelle que soit votre situation actuelle.

Nous espérons que vous trouverez dans ce dialogue des conseils pratiques, des astuces faciles à appliquer et, surtout, l'inspiration nécessaire pour transformer votre approche de la gestion financière.

Embarquez avec Victor et Margaux dans ce voyage vers une meilleure maîtrise de vos finances !

Préface

- Introduction au format du livre.
- Brève présentation de Victor et Margaux.

Chapitre 1 : Introduction à la Gestion de Budget

- Victor explique à Margaux ce qu'est la gestion de budget et pourquoi c'est essentiel.
- Discussion sur les erreurs courantes de budget et comment les éviter.

Chapitre 2 : La Méthode des Enveloppes Décryptée

- Victor décrit la méthode des enveloppes et ses origines.
- Margaux pose des questions sur la praticité et l'efficacité de la méthode.

Chapitre 3 : Préparation au Changement

- Comment Victor guide Margaux à travers l'analyse de ses finances actuelles.
- Établissement des objectifs financiers de Margaux.

Chapitre 4 : Planification et Allocation

- Victor enseigne à Margaux comment catégoriser ses dépenses.
- Ils créent ensemble un plan de répartition initial.

Chapitre 5 : Mise en Place des Enveloppes

- Choix des enveloppes physiques ou numériques.
- Victor montre à Margaux comment diviser son argent.

Chapitre 6 : Suivi et Ajustement

- Techniques pour suivre les dépenses au quotidien.
- Discussion sur l'ajustement des enveloppes en cas de besoin.

Chapitre 7 : Défis et Solutions

- Victor et Margaux explorent les problèmes courants comme les dépenses imprévues.
- Solutions pratiques pour rester fidèle à la méthode.

Chapitre 8 : Stratégies Avancées

- Optimisation des économies et des investissements.
- Conseils pour les périodes de forte dépense.

Chapitre 9 : Témoignages et Études de Cas

- Victor partage des histoires de succès d'autres utilisateurs.
- Analyse des scénarios où la méthode a particulièrement bien fonctionné.

Chapitre 10 : Ressources et Outils

- Liste de ressources utiles (applications, livres, sites web).
- Comment continuer à apprendre et à progresser après le livre.

Épilogue

- Réflexions finales de Margaux sur son parcours d'apprentissage.
- Encouragements de Victor pour le futur financier de Margaux.

Annexes
- Modèles de Budget
- Liste d'applications de gestion budgétaire
- FAQ
- Glossaire des termes financiers utilisés dans le livre.

Chapitre 1 : Introduction à la Gestion de Budget

Victor : Bonjour Margaux, je suis ravi de t'aider à démystifier la gestion de ton budget.

Beaucoup pensent que c'est complexe, mais avec les bons outils et un peu de discipline, c'est tout à fait gérable.

Pour commencer, peux-tu me dire ce que tu sais déjà sur la gestion de budget ?

Margaux : Salut Victor !

Honnêtement, je sais qu'il est important de ne pas dépenser plus que ce que l'on gagne, et j'essaie de suivre mes dépenses tant bien que mal, mais je ne suis jamais vraiment sûre de la meilleure façon de gérer mon argent.

Victor : C'est un bon début. La gestion de budget, dans sa forme la plus simple, consiste à savoir exactement combien d'argent entre et sort de tes poches.

Cela t'aide à ne pas te retrouver à court à la fin du mois, mais la vraie gestion va bien au-delà de cela.

Elle peut te permettre de planifier l'avenir, de prévoir des investissements et même de gérer des imprévus sans stress.

Margaux : Cela semble très utile, surtout pour les imprévus.

Quelles sont les erreurs communes que les gens font avec leur budget ?

Victor : Une erreur fréquente est de ne pas avoir de budget clairement défini.

Beaucoup de gens pensent qu'ils ont une idée de leurs dépenses, mais sans chiffres précis, il est facile de se tromper.

Une autre erreur est de ne pas ajuster son budget. Un budget n'est pas fixe ; il doit évoluer avec tes besoins et tes circonstances.

Margaux : Ça a du sens. Comment puis-je commencer à établir un budget qui fonctionne pour moi ?

Victor : Nous allons y travailler ensemble.

Je te montrerai comment catégoriser tes dépenses et comment utiliser la méthode des enveloppes pour contrôler où va chaque euro.

Prête à commencer ?

Margaux : Absolument, j'ai hâte de voir comment tout cela fonctionne.

Chapitre 2 : La Méthode des Enveloppes Décryptée

Victor : Maintenant que nous avons établi les bases de la gestion de budget, penchons-nous sur la méthode des enveloppes.

C'est une technique assez ancienne mais extrêmement efficace pour gérer l'argent de manière visuelle et concrète.

Margaux : J'ai entendu parler de cela, mais je ne suis pas tout à fait sûre de comment elle fonctionne exactement.

Peux-tu expliquer ?

Victor : Bien sûr. L'idée est simple : tu divises ton argent en différentes enveloppes, chacune allouée à une catégorie de dépenses spécifique comme le loyer, les courses, ou le divertissement.

Chaque fois que tu reçois ton salaire, tu places immédiatement l'argent nécessaire dans chaque enveloppe selon ton budget.

Margaux : Et si l'argent d'une enveloppe s'épuise ?

Victor : C'est là que la méthode est efficace.

Si l'argent d'une enveloppe est épuisé, tu ne peux plus dépenser dans cette catégorie jusqu'au prochain budget.

Cela t'oblige à respecter ton budget et à réfléchir à tes dépenses.

Margaux : Ça semble un peu restrictif. Y a-t-il des avantages à cette rigidité ?

Victor : Absolument, cette méthode te force à être consciente de tes dépenses.

Elle aide aussi à prévenir les achats impulsifs et à prioriser tes dépenses essentielles. De plus, voir physiquement l'argent diminuer dans les enveloppes procure un retour immédiat sur ta situation financière.

Margaux : Et comment adaptes-tu cette méthode à l'ère numérique ? Je n'utilise presque jamais d'argent comptant.

Victor : C'est une excellente question. Il existe maintenant des applications qui simulent cette méthode avec des comptes virtuels ou des enveloppes numériques.

Tu peux ainsi bénéficier des avantages de la méthode des enveloppes tout en utilisant ta carte bancaire ou des paiements en ligne.

Margaux : Cela me semble être un bon compromis.

Je suis curieuse de voir comment mettre cela en pratique !

Victor : Dans le prochain chapitre, nous allons préparer ton premier budget avec la méthode des enveloppes.

Tu verras, c'est plus simple qu'il n'y paraît.

Chapitre 3 : Préparation au Changement

Victor : Avant de plonger dans la création de ton premier budget avec la méthode des enveloppes, il est crucial de comprendre et d'analyser ta situation financière actuelle.

Es-tu prête à jeter un œil honnête à tes finances ?

Margaux : Je pense que oui, bien que je sois un peu nerveuse à l'idée de voir tout ça noir sur blanc.

Victor : C'est tout à fait normal. La première étape est souvent la plus difficile, mais c'est aussi la plus libératrice.

Commençons par lister tes sources de revenus.

Quels sont les montants fixes que tu reçois chaque mois ?

Margaux : D'accord, j'ai mon salaire principal, et parfois des revenus supplémentaires de freelances.

Victor : Parfait, nous allons utiliser ces chiffres comme base de ton budget.

Ensuite, listons tes dépenses mensuelles fixes comme le loyer, les factures, et les abonnements.

Margaux : J'ai mon loyer, l'électricité, internet, et mon abonnement aux gym, pour commencer.

Victor : Très bien. Maintenant, passons aux dépenses variables comme l'alimentation, les sorties, ou les achats non planifiés.

C'est ici que la méthode des enveloppes va vraiment t'aider à visualiser et contrôler tes dépenses.

Margaux : Cela semble être beaucoup à gérer. Comment saurai-je combien mettre dans chaque enveloppe ?

Victor : Nous allons établir cela ensemble.

Pour chaque catégorie de dépense, nous fixerons un montant basé sur tes dépenses passées et tes objectifs financiers.

L'idée est de te donner une marge de manœuvre tout en te poussant à économiser.

Margaux : Et si je me rends compte que mes allocations ne sont pas réalistes ?

Victor : C'est là que le suivi et l'ajustement entrent en jeu.

Tu ajusteras tes enveloppes au fil du temps.

Le budget parfait n'existe pas dès le début ; il se peaufine avec l'expérience.

Margaux : Ça me rassure. Je suis prête à essayer et à voir comment je peux améliorer ma situation financière.

Victor : Excellent ! Dans le prochain chapitre, nous allons réellement créer et remplir tes premières enveloppes.

Tu vas voir, c'est une étape excitante !

Chapitre 4 : Planification et Allocation

Victor : Maintenant que nous avons une bonne compréhension de tes revenus et dépenses, il est temps de passer à l'action et de mettre en place ton premier budget avec la méthode des enveloppes. Prête ?

Margaux : Oui, je suis prête !

J'ai hâte de voir comment tout cela va s'organiser.

Victor : Excellent. Commençons par définir le montant à allouer pour chaque catégorie de dépense.

Nous baserons ces montants sur tes dépenses passées et sur les priorités que tu as établies.

Nous ajusterons au besoin, mais il est important de commencer avec un plan réaliste.

Margaux : D'accord, cela me semble logique.

Victor : Pour le loyer, les factures et les dépenses fixes, l'allocation est simple : le montant exact que tu paies chaque mois.

Pour les dépenses variables comme l'alimentation et les loisirs, nous devons estimer un montant raisonnable qui te permette de vivre confortablement sans dépasser.

Margaux : Et comment je fais si je ne suis pas sûre de combien je dépense actuellement pour les courses ou les sorties ?

Victor : C'est une bonne question.

Pour le premier mois, utilisons une estimation basée sur ce que tu penses être raisonnable.

Note toutes tes dépenses pendant ce mois pour ajuster les montants le mois suivant.

Cela te donnera une image claire de tes habitudes de consommation.

Margaux : Ça me paraît être une bonne approche. Et pour les imprévus ?

Victor : Pour les imprévus, je recommande de créer une enveloppe spéciale.

Mettons-y une petite somme chaque mois. Si tu n'utilises pas cet argent, il peut rester dans l'enveloppe ou être transféré dans une enveloppe d'épargne.

Margaux : J'aime l'idée d'avoir une marge pour les imprévus.

Ça réduit le stress de devoir sortir de mon budget.

Victor : Exactement. Enfin, pour la méthode des enveloppes, tu peux utiliser de vraies enveloppes physiques ou une application dédiée.

Quelle méthode préfères-tu ?

Margaux : Je pense que l'application serait mieux pour moi, je gère presque tout sur mon téléphone.

Victor : Parfait, il existe plusieurs applications qui peuvent te permettre de gérer tes enveloppes virtuellement.

Je t'en montrerai quelques-unes et tu pourras choisir celle qui te convient le mieux.

Margaux : Super, j'ai hâte de commencer et de voir comment cette méthode va m'aider à mieux gérer mon argent.

Victor : Tu vas voir, avec un peu de pratique, cela deviendra une seconde nature.

Prête pour le prochain chapitre où nous mettrons tout cela en pratique ?

Chapitre 5 : Mise en Place des Enveloppes

Victor : Maintenant que nous avons établi un budget pour chaque catégorie de dépense, il est temps de mettre en pratique la méthode des enveloppes.

As-tu décidé si tu vas utiliser des enveloppes physiques ou l'application que nous avons discutée ?

Margaux : J'ai choisi d'utiliser l'application. Elle semble vraiment pratique, surtout que je fais la plupart de mes achats avec ma carte.

Victor : Parfait, c'est une excellente décision.

Commençons par installer l'application et te montrer comment la configurer.

Chaque catégorie de dépense que nous avons définie sera une "enveloppe" dans l'application.

Margaux : D'accord, installons-la ensemble.

Victor aide Margaux à télécharger et installer l'application.

Ils commencent à créer des enveloppes virtuelles pour chaque catégorie.

Victor : Voici comment tu vas répartir ton argent.

À chaque paie, tu vas allouer immédiatement l'argent nécessaire dans chaque enveloppe selon les montants que nous avons définis.

Cela t'assurera que chaque catégorie a suffisamment de fonds pour le mois.

Margaux : Et si je dépense tout l'argent d'une enveloppe avant la fin du mois ?

Victor : C'est une bonne question. Si cela arrive, tu devras soit ajuster tes dépenses dans cette catégorie pour le reste du mois, soit, si c'est absolument nécessaire, transférer de l'argent d'une autre enveloppe moins essentielle.

Cependant, l'idéal est de rester dans les limites que nous avons établies pour éviter de compromettre d'autres catégories.

Margaux : Compris. Cela me semble être un bon moyen de visualiser où va mon argent et de m'empêcher de trop dépenser.

Victor : Exactement. Et n'oublie pas, la clé est de suivre régulièrement tes dépenses à travers l'application.

Cela t'aidera à rester consciente de ton comportement de dépense et à faire des ajustements en temps réel.

Margaux : J'imagine que cela va aussi m'aider à prendre de meilleures décisions financières au quotidien.

Victor : Absolument. Avec le temps, tu verras peut-être même des possibilités d'économiser davantage dans certaines catégories.

Cela pourrait te permettre d'augmenter tes économies ou de financer des objectifs à long terme.

Margaux : Ça me motive vraiment à me lancer.

Merci, Victor, pour toute ton aide jusqu'à présent.

Victor : Je suis là pour ça, Margaux.

N'hésite pas à poser des questions au fur et à mesure que tu progresses.

Chapitre 6 : Suivi et Ajustement

Victor : Bien, maintenant que tu as mis en place tes enveloppes, l'étape suivante est de suivre régulièrement tes dépenses et d'ajuster ton budget si nécessaire.

La gestion budgétaire est un processus dynamique.

Penses-tu pouvoir intégrer le suivi de tes dépenses dans ta routine quotidienne ?

Margaux : J'essaie déjà de jeter un œil à mes comptes assez régulièrement, donc je pense que cela devrait être gérable.

Quelle est la meilleure façon de suivre efficacement ?

Victor : C'est une bonne habitude. Je te conseille de vérifier tes dépenses à travers l'application au moins une fois par semaine.

Cela ne prendra que quelques minutes mais te donnera une vue claire de ton état financier en temps réel.

Tu pourras ainsi voir si tu te rapproches des limites de tes enveloppes.

Margaux : Et si je dépasse les limites d'une enveloppe ?

Victor : Si cela arrive, il est important de comprendre pourquoi.

Était-ce un achat impulsif ou un besoin imprévu ?

En fonction de la réponse, tu peux décider de réduire les dépenses dans d'autres catégories pour compenser ou réajuster ton budget pour les mois suivants.

Margaux : Ça semble être un bon moyen de rester flexible tout en étant responsable.

Quels autres types d'ajustements pourrais-je avoir à faire ?

Victor : Tu pourrais trouver que certaines catégories nécessitent régulièrement plus de fonds que prévu, tandis que d'autres en utilisent moins.

C'est normal. Le budget n'est pas gravé dans le marbre ; il doit refléter ta vie réelle.

Si un modèle se répète, ajuste les montants alloués aux enveloppes pour les mois suivants.

Margaux : Et si j'ai de l'argent restant dans une enveloppe à la fin du mois ?

Victor : C'est une excellente nouvelle !

Tu peux choisir de le reporter au mois suivant ou de le transférer dans une enveloppe d'épargne ou d'investissement.

Cela peut t'aider à atteindre plus rapidement tes objectifs financiers à long terme.

Margaux : Cela donne vraiment l'impression que je contrôle mon argent plutôt que l'inverse.

Victor : Exactement, c'est tout l'objectif de cette méthode.

Elle te donne les outils pour prendre des décisions éclairées et pour ajuster tes habitudes en fonction de tes objectifs financiers.

Margaux : Merci, Victor. Je me sens beaucoup plus confiante avec ces outils et cette approche.

Chapitre 7 : Défis et Solutions

Victor : Comme pour toute méthode, il y a des défis spécifiques à la méthode des enveloppes.

Certaines personnes trouvent difficile de rester dans les limites de leurs enveloppes, surtout en ce qui concerne les dépenses imprévues ou les tentations.

Margaux : Je peux voir comment cela pourrait être un problème.

Que recommandes-tu pour gérer les dépenses imprévues ?

Victor : Une bonne pratique est de créer une enveloppe spécifiquement dédiée aux urgences ou aux imprévus.

Cela te permet de faire face aux dépenses inattendues sans perturber le reste de ton budget.

Pense à cette enveloppe comme à un filet de sécurité.

Margaux : Et pour les tentations, comme les soldes ou les achats impulsifs, comment puis-je gérer ça ?

Victor : La tentation est naturelle, mais la méthode des enveloppes peut t'aider à y résister.

Si tu envisages un achat non prévu, regarde d'abord l'état de tes enveloppes.

Si l'argent n'est pas disponible, cela te force à réfléchir à deux fois avant de dépenser.

Parfois, simplement prendre le temps de réfléchir peut t'aider à décider si l'achat en vaut la peine.

Margaux : Cela semble utile. Et si je trouve difficile de suivre toutes mes enveloppes ?

Victor : Si le suivi devient trop lourd, il peut être nécessaire de simplifier ton système.

Peut-être que certaines catégories peuvent être fusionnées ou que tu n'as pas besoin d'autant de détails dans tes enveloppes.

L'objectif est de trouver un équilibre entre le contrôle et la facilité de gestion.

Margaux : J'apprécie vraiment ces conseils.

Penses-tu que je devrais revoir régulièrement mon budget ?

Victor : Absolument, revoir ton budget régulièrement est crucial.

Cela te permet d'ajuster tes enveloppes à mesure que tes habitudes et besoins financiers évoluent.

Je recommande de faire une révision complète tous les trois à six mois, ou chaque fois qu'un changement significatif se produit dans tes finances.

Margaux : Cela me donne une meilleure perspective sur la façon de maintenir et d'ajuster mon budget. Merci pour ces conseils précieux, Victor.

Victor : De rien, Margaux. Se confronter à ces défis est une partie normale du processus d'apprentissage.

Avec le temps, tu trouveras les stratégies qui fonctionnent le mieux pour toi.

Chapitre 8 : Stratégies Avancées pour Optimiser votre Budget

Victor : Maintenant que tu es à l'aise avec la méthode des enveloppes et que tu as surmonté les défis initiaux, il est temps de parler de stratégies avancées pour optimiser davantage ton budget.

Margaux : Je suis prête à passer au niveau suivant.

Quelles sont ces stratégies ?

Victor : Une première stratégie est l'automatisation de tes finances.

Cela peut inclure la mise en place de virements automatiques vers tes enveloppes dès que ton salaire est déposé.

Cela réduit le risque d'oublier de mettre de l'argent de côté et aide à maintenir la discipline budgétaire sans effort.

Margaux : Cela semble très pratique.

Et cela me permettrait de ne pas oublier de mettre de l'argent dans mes enveloppes.

Victor : Exactement. Une autre stratégie est l'utilisation de récompenses de cashback ou de points de fidélité pour tes dépenses courantes.

Tu peux utiliser ces récompenses pour augmenter tes économies ou pour financer des catégories de dépenses comme les loisirs ou les voyages.

Margaux : J'aime l'idée de faire travailler mon argent pour moi.

Comment puis-je intégrer cela dans mon budget ?

Victor : Tu peux choisir des cartes de crédit ou des applications qui offrent les meilleurs avantages pour les types de dépenses que tu fais le plus souvent.

Assure-toi de payer ces cartes en totalité chaque mois pour éviter les intérêts, ce qui maximise tes récompenses.

Margaux : Cela fait sens. Y a-t-il d'autres tactiques que je devrais envisager ?

Victor : Une dernière tactique à considérer est l'investissement d'une partie de tes économies.

Une fois que tu as une somme confortable dans ton enveloppe d'urgence, tu pourrais commencer à investir dans des fonds indiciels ou d'autres placements pour faire croître ton patrimoine.

Margaux : L'investissement semble intimidant, mais je suis intéressée par l'idée de voir mon argent croître.

Victor : C'est une étape naturelle. Nous pouvons planifier une session pour discuter des bases de l'investissement et de la manière dont cela pourrait s'intégrer dans ton plan financier global.

Margaux : Ça serait génial. Je me sens prête à explorer ces options avancées et à améliorer ma situation financière encore plus.

Victor : C'est formidable d'entendre ça, Margaux. Je suis sûr que tu réussiras à atteindre tes objectifs financiers avec ces nouvelles stratégies.

Chapitre 9 : Témoignages et Études de Cas

Victor : Pour te montrer l'efficacité de la méthode des enveloppes et te donner encore plus de motivation, j'aimerais partager avec toi quelques témoignages et études de cas de personnes qui ont utilisé cette méthode avec succès.

Margaux : J'adorerais entendre comment d'autres ont réussi.

Ça pourrait me donner des idées sur comment mieux adapter la méthode à ma situation.

Victor : Exactement.

Premier cas, nous avons Élise, une mère célibataire qui a réussi à sortir d'une dette de carte de crédit de plusieurs milliers d'euros en deux ans, uniquement en utilisant la méthode des enveloppes pour contrôler ses dépenses.

Margaux : C'est impressionnant ! Comment a-t-elle structuré ses enveloppes ?

Victor : Élise a créé des enveloppes pour toutes ses dépenses essentielles, mais elle en avait aussi une dédiée au remboursement de sa dette.

Chaque mois, elle mettait un montant fixe dans cette enveloppe, parfois plus si elle le pouvait.

Cela lui a donné un plan clair et un rythme constant pour rembourser sa dette.

Margaux : Quel bel exemple de discipline et de détermination.

Victor : Oui, et ensuite nous avons Julien, un freelance qui utilisait la méthode des enveloppes pour gérer les fluctuations de ses revenus.

Il a établi des enveloppes pour les mois "maigres" en prévoyant lors des mois "gras".

Margaux : Ça semble être une stratégie intelligente, surtout pour quelqu'un dont les revenus varient beaucoup.

Victor : Absolument. Ces histoires montrent que, quelles que soient tes circonstances, la méthode des enveloppes peut être adaptée pour répondre à tes besoins spécifiques et t'aider à atteindre tes objectifs financiers.

Margaux : Entendre ces succès me motive vraiment à m'engager pleinement dans cette méthode.

J'ai hâte de voir quel impact elle aura sur mes finances !

Victor : Je suis sûr que tu verras des résultats positifs.

L'important est de rester engagé et de faire les ajustements nécessaires en fonction de ta situation.

Victor : Pour compléter ces témoignages, je voudrais te présenter l'histoire de Clara, une jeune professionnelle qui a réussi à réduire considérablement ses dépenses mensuelles en examinant de près ses abonnements.

Margaux : Les abonnements ? Comme pour les services de streaming et les apps ?

Victor : Exactement. Clara avait accumulé plusieurs abonnements à des magazines, des services de streaming et des applications de fitness, dont beaucoup étaient sous-utilisés.

Margaux : Cela doit être facile de perdre de vue ce genre de choses.

Victor : Oui, et c'est là où la méthode des enveloppes a vraiment aidé.

Clara a créé une enveloppe spéciale pour ses abonnements.

Chaque mois, elle vérifiait le contenu de cette enveloppe et évaluait l'utilité de chaque service.

Elle a rapidement réalisé qu'elle payait pour plusieurs services qu'elle n'utilisait pas.

Margaux : Qu'a-t-elle fait ensuite ?

Victor : Elle a commencé par annuler immédiatement les abonnements inutilisés.

Pour ceux qu'elle utilisait moins fréquemment, elle a recherché des alternatives moins coûteuses ou des promotions.

En fin de compte, Clara a réduit ses dépenses d'abonnements de plus de 50%.

Margaux : C'est incroyable ! Juste en prenant le temps de revoir et d'évaluer ses dépenses.

Victor : Précisément. Cette approche lui a non seulement permis d'économiser de l'argent, mais aussi de prendre conscience de ses véritables besoins et priorités en termes de consommation.

Margaux : Je vais certainement examiner mes propres abonnements.

Cette méthode pourrait vraiment m'aider à identifier où je pourrais économiser.

Victor : C'est une excellente idée.

Souvent, il suffit de dresser un inventaire pour découvrir des opportunités d'économie que nous n'avions jamais considérées auparavant.

Chapitre 10 : Conclusion et Prochaines Étapes

Victor : Nous avons parcouru un long chemin, Margaux.

À travers nos discussions, tu as appris comment établir un budget, mettre en place des enveloppes, suivre tes dépenses, et ajuster ton budget au besoin.

Tu as également entendu des témoignages inspirants de personnes qui ont transformé leurs finances en utilisant cette méthode.

Margaux : Oui, et je me sens beaucoup plus confiante en ma capacité à gérer mon argent efficacement.

J'ai hâte de mettre en pratique tout ce que j'ai appris.

Victor : Je suis ravi de l'entendre.

N'oublie pas que la gestion de ton budget est un processus continu.

Tu auras peut-être besoin de faire des ajustements en cours de route, et c'est tout à fait normal.

Margaux : Je comprends. Cela va être un ajustement, mais je sens que j'ai les outils nécessaires pour y parvenir.

Victor : Exactement. Et n'oublie pas, si tu rencontres des difficultés ou si tu as besoin de conseils supplémentaires, tu peux toujours revenir sur les concepts que nous avons abordés dans ce livre.

De plus, il existe de nombreuses ressources, des applications et des communautés en ligne qui peuvent offrir un soutien supplémentaire.

Margaux : Merci, Victor. Je me sens préparée et motivée pour cette nouvelle étape financière.

Victor : C'est merveilleux de l'entendre.

Garde toujours en tête tes objectifs financiers, et rappelle-toi que chaque décision compte.

Avec de la discipline et un suivi régulier, tu seras en mesure de réaliser tes rêves financiers.

Margaux : Je vais certainement garder tout cela en tête. Merci pour tout, Victor.

Victor : Avec plaisir, Margaux. Je te souhaite tout le succès possible dans ton parcours financier.

Annexe A : Modèles de Budget

Introduction :
Pour vous aider à démarrer avec la méthode des enveloppes, nous avons créé un modèle pour feuilles de calcul adaptés à différents besoins.

Ce modèle contient des catégories de dépenses courantes et offrent des espaces personnalisables pour s'adapter à vos besoins spécifiques.

Vous trouverez ci-dessous des instructions détaillées pour utiliser et personnaliser ces modèles.

Modèle de Budget Basique :

Ce modèle est conçu pour ceux qui débutent avec la budgétisation.

Il inclut les catégories suivantes :

- **Revenus** : Notez ici vos sources de revenu

mensuelles, telles que salaires, revenus secondaires, et autres apports.

- **Enveloppe Nourriture** : Allouez un montant pour vos dépenses alimentaires, incluant épicerie et repas pris à l'extérieur.

- **Enveloppe Logement** : Cette enveloppe couvre votre loyer ou votre prêt hypothécaire, ainsi que les dépenses connexes comme l'assurance habitation et les taxes foncières.

- **Enveloppe Transport** : Incluez ici vos dépenses de transport, y compris essence, entretien de véhicule, assurance, et frais de transport public.

- **Enveloppe Loisirs** : Déterminez un montant pour les activités de divertissement, abonnements, sorties, etc.

- **Enveloppe Urgences** : Un fonds pour les imprévus médicaux, les réparations d'urgence, etc.

Instructions d'utilisation :

1. Copier ce modèle dans une feuille de calcul.
2. Personnalisez les catégories de dépenses selon vos besoins spécifiques en ajoutant ou supprimant des lignes.
3. À chaque début de mois, allouez un montant prévu pour chaque catégorie en fonction de vos revenus et de vos objectifs financiers.
4. Suivez vos dépenses réelles et comparez-les aux montants alloués.
5. Ajustez les montants le mois suivant si nécessaire.

Ce modèle de budget est un outil simple mais puissant pour prendre le contrôle de vos finances et mieux comprendre où va votre argent.

Annexe B : Liste d'Applications de Gestion Budgétaire

Introduction :

L'utilisation d'applications de gestion budgétaire peut grandement faciliter le suivi de vos dépenses et l'application de la méthode des enveloppes.

Voici une sélection d'applications bien évaluées qui peuvent vous aider à rester organisé et à atteindre vos objectifs financiers.

Liste des Applications Recommandées :

Bankin

- **Fonctionnalités :**
    - Visualisation automatique de tous vos comptes bancaires, même de différentes banques, en un seul endroit.
    - Catégorisation automatique des dépenses.
    - Analyse des dépenses et des revenus pour aider à optimiser l'épargne.
    - Alertes sur les frais bancaires, les transactions suspectes, et les grands postes de dépenses.

- **Idéal pour :**
  - Les utilisateurs cherchant à avoir une vue d'ensemble claire de leur situation financière à travers plusieurs comptes et banques.
  - Ceux qui apprécient une application intuitive pour gérer leur argent au quotidien.
- **Coût :**
  - Version gratuite disponible avec des fonctionnalités de base.
  - Offres premium avec des fonctionnalités avancées, abonnement mensuel requis.

- **Disponibilité :**
  - Disponible sur iOS, Android, et via un navigateur web.

Linxo

- **Fonctionnalités :**
    - Agrégation de comptes pour une vue consolidée de toutes les finances personnelles.
    - Catégorisation automatique des dépenses.
    - Prévisions budgétaires basées sur l'historique des dépenses.
    - Alertes personnalisables pour le suivi des dépenses et des échéances de paiement.
- **Idéal pour :**
    - Les personnes qui veulent suivre précisément leurs

dépenses et prévoir leur budget.
- Utilisateurs recherchant des conseils personnalisés pour optimiser leur gestion financière.
- **Coût :**
  - Version gratuite avec des fonctionnalités essentielles.
  - Version premium proposant des outils de budget plus avancés, disponible via un abonnement mensuel.
- **Disponibilité :**
  - Disponible sur iOS, Android, et également accessible via une interface web.

YNAB (You Need a Budget)

- **Fonctionnalités :** Permet une attribution précise de chaque euro gagné, offre des outils de suivi des dépenses, génère des rapports détaillés pour analyser les habitudes de dépenses.
- **Idéal pour :** Ceux qui cherchent une gestion proactive et détaillée de leur budget, adaptée aux débutants comme aux utilisateurs avancés.
- **Coût :** Abonnement mensuel avec période d'essai gratuite.
- **Disponibilité :** iOS, Android, Web.

Mint

- **Fonctionnalités :** Suivi automatique des dépenses grâce à la connexion à vos comptes bancaires, catégorisation automatique des dépenses, création et suivi des objectifs budgétaires, alertes budgétaires.
- **Idéal pour :** Une surveillance facile et une planification financière, notamment pour surveiller les crédits et les comptes bancaires en un seul endroit.
- **Coût :** Gratuit.
- **Disponibilité :** iOS, Android, Web.

Goodbudget

- **Fonctionnalités :** Basée explicitement sur la méthode des enveloppes, cette application permet de partager le budget avec des membres de la famille sur plusieurs appareils, facilitant ainsi la gestion commune du budget familial.

- **Idéal pour :** Couples et familles qui veulent partager un budget et suivre ensemble leurs dépenses.

- **Coût :** Version gratuite disponible ; version payante pour plus de fonctionnalités.

- **Disponibilité** : iOS, Android.

Comment Choisir :

- **Évaluez vos besoins** : Avant de choisir une application, réfléchissez à vos objectifs financiers, à votre niveau de confort technologique et au type de gestion budgétaire que vous souhaitez pratiquer.

- **Essayez avant d'acheter** : Profitez des périodes d'essai gratuites pour tester les applications et voir laquelle vous convient le mieux.

- **Considérez l'intégration** : Vérifiez si l'application peut se connecter facilement à vos comptes bancaires et autres outils financiers que vous utilisez déjà.

Ces applications peuvent vous aider à maintenir une discipline budgétaire et à rendre la méthode des enveloppes encore plus efficace.

Annexe C : FAQ

Introduction :

Cette section répond aux questions fréquemment posées sur la méthode des enveloppes, offrant des éclaircissements et des conseils pratiques pour surmonter les défis courants rencontrés par ceux qui adoptent cette approche budgétaire.

Questions Fréquentes :

1. **Comment ajuster mon budget si mes revenus changent ?**

   - **Réponse de Victor :** Si vos revenus augmentent ou diminuent, il est crucial de revoir votre budget.

     Pour les augmentations de revenus, envisagez d'augmenter vos allocations dans les enveloppes d'épargne ou d'investissement.

     Si vos revenus diminuent, priorisez vos dépenses essentielles et ajustez les allocations vers des dépenses moins prioritaires.

2. **Que faire si je dépasse constamment mes enveloppes ?**

   - **Réponse de Victor :** Dépassement constant peut indiquer que vos allocations ne sont pas réalistes ou que vos habitudes de dépenses doivent être revues.

     Commencez par examiner les catégories où vous dépassez le budget.

     Ajustez les montants alloués ou cherchez des façons de réduire ces dépenses, peut-être en trouvant des alternatives moins coûteuses ou en limitant les achats non essentiels.

3. Comment gérer les dépenses imprévues ?

- **Réponse de Victor :**
  Pour les dépenses imprévues, il est essentiel d'avoir une enveloppe d'urgence.

  Cette enveloppe devrait être alimentée régulièrement et contenir suffisamment pour couvrir des dépenses inattendues sans perturber votre budget ordinaire.

  Si une dépense dépasse ce que vous avez dans l'enveloppe, réévaluez vos autres enveloppes pour voir où des ajustements peuvent être faits temporairement.

4. **Est-il mieux d'utiliser des enveloppes physiques ou numériques ?**

   - **Réponse de Victor :** Le choix entre enveloppes physiques et numériques dépend de vos préférences personnelles et de votre style de vie.

     Les enveloppes physiques peuvent rendre la gestion de l'argent plus tangible et réelle, ce qui est utile pour certains.

     Cependant, si vous êtes souvent en déplacement ou préférez la commodité digitale, les enveloppes numériques via une application peuvent être plus

pratiques et plus faciles
à suivre.

5. **Puis-je combiner la méthode des enveloppes avec d'autres approches budgétaires ?**

   - **Réponse de Victor :** Absolument, la méthode des enveloppes peut être efficacement combinée avec d'autres stratégies de gestion financière.

     Par exemple, vous pourriez utiliser la méthode des enveloppes pour vos dépenses quotidiennes tout en suivant une approche de budgétisation zéro-base pour votre planification financière globale.

Annexe D : Glossaire des Termes Financiers

Introduction : Pour faciliter la compréhension des concepts présentés dans ce livre et pour aider les lecteurs à devenir plus à l'aise avec la terminologie financière, nous avons inclus un glossaire des termes financiers les plus fréquemment utilisés.

Termes Définis :

1. **Budget :**
    - **Définition :** Un plan financier qui prévoit les revenus et les dépenses sur une période déterminée, permettant de gérer ses finances de manière organisée et proactive.

2. **Épargne :**
   - **Définition :** Argent mis de côté, généralement de manière régulière, pour des objectifs futurs ou pour des situations d'urgence, afin de fournir une sécurité financière.
3. **Investissement :**
   - **Définition :** Utilisation de ressources financières pour acquérir des actifs ou des instruments financiers avec l'objectif de générer des revenus ou des profits supplémentaires à long terme.
4. **Enveloppe :**

- **Définition** : Méthode de budgétisation où l'argent est divisé en catégories (enveloppes) pour des types spécifiques de dépenses.

  Chaque enveloppe contient la somme d'argent allouée pour dépenser dans sa catégorie respective durant une période donnée.

5. **Dette :**

    - **Définition** : Somme d'argent ou autre valeur due par une personne ou une entité à une autre.

      Une gestion prudente de la dette est cruciale pour la santé financière.

6. **Crédit :**
   - **Définition :** Accord où un emprunteur reçoit quelque chose de valeur maintenant et s'engage à rembourser le prêteur à une date future, souvent avec intérêt.

   Le crédit peut affecter la santé financière et la capacité d'emprunt.

7. **Fonds d'urgence :**
   - **Définition :** Réserves d'argent mises de côté pour couvrir les dépenses imprévues ou les urgences, sans avoir à recourir à l'endettement.

8. **Flux de trésorerie :**
   - **Définition :** Le montant d'argent entrant et

sortant de vos finances personnelles.

Un flux de trésorerie positif signifie que vous gagnez plus d'argent que vous en dépensez, ce qui est essentiel pour une bonne santé financière.

Utilisation du Glossaire : Ce glossaire est conçu pour être une ressource rapide et facile pour comprendre les termes financiers que vous rencontrerez dans ce livre et dans d'autres lectures sur la gestion de l'argent.

Référez-vous à cette section chaque fois que vous avez besoin d'éclaircissements ou de rappels sur la terminologie.

Mot de l'Auteur

Chers lecteurs,

Je suis ravi de partager avec vous "Gérer son budget avec la méthode des enveloppes", un guide conçu pour vous aider à prendre le contrôle de vos finances personnelles de manière simple et efficace.

Ce livre est le fruit de nombreuses années d'expérience et de recherche dans le domaine de la gestion budgétaire, inspiré par les défis financiers que nous rencontrons tous au quotidien.

L'approche que je propose repose sur la méthode éprouvée des enveloppes, une stratégie qui encourage la discipline et la clarté dans la gestion de l'argent.

À travers les pages de ce livre, vous découvrirez des techniques pratiques, des conseils personnalisés et des exemples concrets qui vous aideront à organiser vos dépenses, à maximiser votre épargne et à atteindre vos objectifs financiers.

Mon objectif est de rendre ces concepts accessibles à tous, indépendamment de votre situation financière actuelle. Que vous soyez un jeune adulte qui commence à gérer son propre budget, un parent qui cherche à optimiser les dépenses familiales, ou même un retraité souhaitant sécuriser son avenir financier, ce livre est pour vous.

Je tiens à vous remercier pour votre confiance et votre intérêt pour "Gérer son budget avec la méthode des enveloppes".

Votre engagement envers l'amélioration de votre santé

financière est le premier pas vers une vie plus équilibrée et sereine. J'espère que ce guide vous sera utile et vous inspirera à prendre des décisions financières judicieuses.

Bonne lecture et bonne gestion !

Cordialement,

Victor MARGA

Printed in France by Amazon
Brétigny-sur-Orge, FR